俺のジムで痩せていけ!!

思考を変えて、体型を変えろ!

30のメソッド

豊岡愼吾
Shingo Toyooka

angelpasser

まえがき

初めまして。福島県郡山市で、〈俺のジムで痩せていけ!!〉という、小さなダイエットジム専門店を経営している〝しんごコーチ〟こと豊岡《とよおか》慎吾《しんご》と申します。

この本を書いていくに当たり、ジムを作った経緯を含め、まずは軽く「〈俺のジム〉とはなんぞや？」というところを簡単に説明してみようと思います。

〈俺のジムで痩せていけ!!〉は、2011年2月末に〈BOXINGO KORIYAMA〉の屋号で、当初はボクシングジムの業態でスタートしました。

屋号の由来は私の名前が「シンゴ」なので「ボクシング」と掛け合わ

せて〝ボクシンゴ〟、そして〝コオリヤマ〟はその表記の方が「福島店も東京店もあるのか？」となるかな、くらいの安易な考えです。

２０１１年２月末と言えば東日本大震災の約２週間前です。震災当日の３月11日は、午前中に体験や入会の会員様がたくさん来店してウキウキだったのですが、午後2時46分に大地震が発生したときは、内心「終わったな」と思いましたし、実際、放射線量等の風評被害等でそこから3、４カ月は会員様が１人も来ずにジムの家賃をただただ支払い続ける日々でした。

自然災害を目の前にした人間の無力さや、独立したばかりの自分の小ささをとくと感じさせられましたが、持ち前の前向きな考えで、「ここがスタートなら上がるだけだな！」と思い直すことができるまでにさほど時間はかからなかったことが唯一の救いでした。

しかし、そんな試練の中からのスタートだったので、あとは快進撃かと思いきや、それ以降も失敗の連続でした。今も関係者に直接謝罪したいなと思い出すことがあるような手痛い失敗があったり、会社の売上が上がって調子に乗り、その結果、社員全員に退職されること2回……数え上げればキリがありません（笑）。

そんな恥ずかしい経験も数々あれど、今日まで丸10年間、会社を潰さずに経営してこられたのは、ポンコツのくせに気だけは強い私のもとで働いてくれるタクちゃんコーチこと政島拓朗《まさじまたくろう》くんと、そんな心の広いタクちゃんコーチを信頼して通ってくださる会員様のおかげにほかなりません。

ジムスタートからしばらくはボクシングジムとして選手育成をする傍ら、「大人の会員様にボクシングを教えるよりはダイエットを謳《うた》った方が集客になるだろう！」「小中高時代は水泳をしていたし栄養面の知識もある程度は持っている！」「あとは勉強すりゃ俺ならイケる！」などという謎の自信というか勘違いと、これまた安易な気持ちでダイエットのトレーニングメニューを提供するようになりました。

とは言っても、当時はあくまでも選手育成がメインだったため、不器用な私はダイエットの方はそんなにヤル気はなかったのですが……。

そんな中、ゼロから手塩にかけて育てたヤッチくん（2019年スーパーフライ級全日本新人王の目黒聖也《めぐろせいや》）が高校卒業をしたタイミングで私は一種の燃え尽き症候群に陥ってジム経営に対して完全に情熱を失い、ダイエットの業務もヤル気がなかったことから、ジムを休業にして海外を旅しようとフィリピンや中国に行きました。

当時、私は経営者失格ともいうべき行為が原因でトラブル続きだったことや、30歳という節目の年に何かを変えなければいけないという危機感を抱えた状態だったので、旅行目的ではなく「とにかく何かをつかんで帰ってこないと俺は終わる」という焦りからくる文字通り自分探しの旅でした。

フィリピンで見た光景は衝撃的でした。私の子ども（当時4歳）くらいの女の子が世界一排気ガスの多い都市といわれているマニラの国道で、裸足でススだらけになりながらもアメ玉を売る姿、小便臭い屋台街の店員のほとんどが小学生くらいの子どもという日本では有り得ない光景の数々……。

中国では巨大都市を目の当たりにし、中国経済がすさまじいスピードで発展しているのを肌で感じました。と同時に、日本の素晴らしい点を逆に実感するような出来事もたくさんありました。

そんな旅の中で私は、「金、金、金！」と売上を追い続け、社員を駒のように扱う一方、「やっぱり俺ってやりゃできるんだ」とうぬぼれて勘違いしていた自分に気付き、仕事はあるのに情熱を失ってのうのうと旅なんかしている贅沢な自分が、急に恥ずかしくなってきたのです。そして、はっきりしたのは、あれだけ嫌だった「淡々と目の前の仕事に取り組む」ことの尊さでした。「身勝手に絶望して悠長に旅なんかしている場合じゃない!!!」と猛省し、予約していたベトナム行きの航空券をキャンセルして、帰国の途に就きながら、おぼろげだった「次やるとしたらダイエット専門店かな？」という考えを実行する準備に、本腰を入れる決意をしたのでした。そこから1カ月もしないうちに今の〈俺のジムで痩せていけ!!〉が出来るまでの最大の功労者となる当時高校生だったタクちゃんと出会い、「就職はここのジムにしたいと思っています。お願いします！」と言ってくれたのを、「これも何かのお告げだな」と考え、本格的にダイエット専門店へと業態変更したのです。当時、もう一人のコーチとタクちゃんと3人で無我夢中でダイエットのトレーニング方法の試行錯誤を繰り返し、あーでもねーこーでもねーと常に話し合いをしながら、現在のような「5キロ痩せるなんて朝飯前！　10キロ痩せるなんてザラ！　20キロ痩せるなんて珍しくもなくなった！　25キロ減もチラホラいるよ‼」という圧倒的な結果を出せるジムになったというのが、当ジム設立当初から現在に至るまでの経緯です。

本書は、〈俺のジムで痩せていけ‼〉のコーチ陣がダイエットについて事あるごとに何百回と話し合い、事あるごとに検証し、事あるごとに実践してきた中で、独自に培い、生み出してきたメソッドをまとめたものです。よそのダイエットジムやフィットネスクラブでは絶対に言わない事を列挙しています。

耳が痛いどころではない、もしかしたら毒舌が過ぎてしまったところがあるかもしれませんが、それもこれも全ては〝正しくきちんと痩せる〟ため。

本書は、いわば〈俺のジムで痩せていけ!!〉の全てを詰め込んだ内容となっていますから、デブ思考を容赦なくバチバチにブチ壊して、アナタを絶対に痩せ思考に変化させますので、覚悟してくださいね!

覚悟のできない方は閲覧注意です!

目次

【お願いと注意事項】

本書では、著者のキャラクターを生かしながら、読者の皆様をダイエット成功へ導こうとする著者の強い思いを伝えるため、本文中に不快と感じられる表現が含まれているかもしれませんが、ご了承いただければ幸いです。また、本書記載内容をもとに行動・実践するに当たっては、ご自身の体の状態に合わせて無理のない範囲で行ってください。現在内臓疾患などの持病がある方、投薬治療中の方、体調不良の方、身体に痛みなど不調な箇所のある方などは、事前に医師に相談するようにしてください。

題字　豊岡愼吾
ブックデザイン　吉宮順
編集　杉山昌己

俺のジムで痩せていけ!!
30のメソッド

思考を変えて、体型を変えろ!

01

理論なんか要らねぇ！〝デブ思考〟さえ変えれば全てが解決する

デブが脂肪と一緒に抱えているものといえば、間違いなく「しょうもない＆使えない」そして、「せいぜい自分が食べる言い訳」に使うくらいのダイエットの知識です。もう浅知恵レベルと言っても過言ではないでしょう。

何かと言えば「でも〇〇は私みたいな□□の人がやると痩せないって言いますよ」とのたまう。

黙れデブ!!　だからデブなんだ!!!　と怒鳴りつけてやりたい気分になります。

この本を手に取った方はおそらくデブでしょう。デブじゃなくても今の体型はちょっとヤバい……と感じているからこの本が目に入るのです。

アナタは散々ダイエットに失敗してきた人でしょうし、手を変え品を変え、新しく出てくるダイエットサプリ、食品、器具、理論を幾つ試しましたでしょうか？

これまで一体今まで何万円、何十万円そのようなダイエット商品にムダ金を使ってきたでしょうか？

あるデータによると20代女性のダイエット失敗率は95％とのこと。

そして、女性は期間の短長にかかわらず、全てのダイエット期間を合算すると平均人生の35年はダイエットに費やすそうです。

そんなアナタは今もある程度のダイエット理論をきっと持っているとでしょうが……じゃあなぜこの本を手に取っているのでしょうか？

さらに言えば、なんで「ある程度の理論がある」アナタがデブなのですか??

結論から言うと「理論を活かす思考がないから」。これに尽きます。

これが本書で言う〝デブ思考〟です。

この本を読んでいるからには、もういい加減、ダイエットに理論なんか不要だと気付かないといけません。

ダイエット理論というのは「全て正しく、全て間違い」です。

全て正しい理由は「どの理論も継続さえすれば成功しかないから」です。

これは何かのキッカケであっさり挫折したことを思い出せば容易に理

解できる事だと思います。

全て間違いの理由は「継続をさせるコツの部分は誰も知らない&教えないから」です。

継続のコツには精神的な事が大きく関わってきますので、今まで皆さんの頭にベッタリとへばり付いた〝デブ思考〟のままでは、正解に導かれるはずもないのです。

例えば、フィットネスジムなんかでは会員に「○○というのがあるので△△をした方がいいですよ！」と口を揃えて理論をアドバイスします。

それを聞いた会員も「なるほど！ やってみます」と言って実践しますが、そのときの注意点はどこなのか？ 起こり得る挫折ポイントではどのように考えるべきなのか？

ここまでは聞かされていないので「やってみたけど私には合わないし、

なんかダメだった」となってしまい、結果的に失敗します。

コーチ側もストイックに生活している人がほとんどなので、デブの感覚を分かっていないということがあり、結局は的確な指導もできないまま、「ウチの会員は、なんかダメなんだ！」となって、しまいにはダイエット指導そのものが挫折してしまうのです。

なぜ「なんかダメなんだ！」と抽象的な表現になってしまうのかというと……会員が〝デブ思考〟のままでは、そのことを本人が自覚しにくいことや、コーチがそれを言語化して伝えることができずに、会員とコーチの間で感覚やコミュニケーションのズレが生じてしまったりすることに起因しているのです。〝デブ思考〟には、よい事が一つもないのです。

つまり、デブの前では理論なんか無力なのです。

どんなダイエット理論が存在しようとも、アナタにそれを実践する思考としてのスキル、つまり〝痩せ思考〟がなければ、全ては宝の持ち腐れになってしまうのです。

とにもかくにも一番目にアナタ自身の〝デブ思考〟を捨て去ることが先決なのです。

どんなに痩せたいデブがいたとしても〝痩せ思考〟が身に付いていない限り、目の前の甘い物を食べてしまう……それが〝デブ思考〟にとらわれた「アナタというデブ」だと思った方がいいのです。

〈俺のジムで痩せていけ!!〉のダイエットは理論なんか二の次です。

〝デブ思考〟を消し去り、〝痩せ思考〟に変えるという思考へのアプローチに徹底的にこだわることで「10キロや20キロ痩せるなんて当たり前」というレベルの高い圧倒的な結果を保っているのです。

理論なんか要らねぇ！
少しそう思えましたか？

02 責任転嫁デブは痩せない

よく〈俺のジム〉へお問い合わせをいただく際に「本当に痩せますか?」「こんな私でも痩せられますか?」「痩せさせてくれますか?」とメッセージを送ってくる方が多いのですが……。

「そんなもん自分次第だろうが!」というのが本音です。

ジムに入会しただけでアナタの脂肪が消えていくとでもお思いか?

コーチがアナタの脂肪を吸引して痩せさせるとでもお思いか??

大体ね、自分が好き勝手に太る食品ばっかり食って飲んで寝て、さんざんっぱらグウタラしておいて自ら太った訳なのに痩せたいときだけそんなこと言うのっておかしいのですよ。

こういうのを〈俺のジム〉では〝デブ思考〟と言っているのですが、〝デブ思考〟の人の最大の特徴の一つと言えるのが「責任転嫁」なのです。

ひどい人になると「私は小さい頃から食べるのが好きでぇ、学生時代は部活で食わされたから食べる癖を付けられてぇ、大人になってからは断り切れなくて食べる機会が多くてぇ」などと、全て「自分の意思で決定」とは言わず、本来、自分で調整できることを全部他人のせいにしてしまうのです。

〈俺のジムで痩せていけ‼〉はダイエット専門ジムであるものの、あなたの幼少期からのディープなデブ・エピソードも過去も一緒に背負うとは、一言も言っておらんのです。

そんなこんなで食べちゃうのは自分以外の何か特別な力が働いたせいかのような、とてつもないレベルの「他人のせいにする習慣」が、脂肪とともにベッタリと付いているのですよ。

ダイエットの初期にしなければいけないことの一つに「自分がデブであることを自覚する」というのがあります。

実際に昔、身長152センチ・体重94キロという会員がいらっしゃいましたが、自分のことをポッチャリくらいだと本気で思っていたのが不思議でなりませんでした。

一般的な感覚であれば身長が152センチであれば60キロくらいまでがぎりぎりポッチャリと言える範囲であって、そこからさらに30キロ以上も超えた自分をポッチャリと言ってのけるあたりが「責任転嫁」というか、他人にばかり目が向いていて自分には全く目が向いていない何よりの証拠なのだなと学ばせられました。

「自分がデブである」ということを自覚することで他人や自分以外の何かのせいにすることなく、〈自制→自律〉というプロセスを踏むための始めの一歩になるのです。

今までの自分のデブ生活の全てを棚に上げて責任転嫁しているうちは絶対に痩せることはありません！

もし仮に痩せたとしても、責任転嫁という〝デブ思考〟が消えない限り、何かの拍子に「〇〇だったから食べちゃった」などと最後はまた責任転嫁に戻ってしまって、ほどなくブクブクと太り出し、リバウンドするしかないのです。

今すぐ自分自身の食生活や運動を顧みて、
責任転嫁はやめましょう。

03 メンヘラデブは痩せない

ダイエットに挫折するデブと成功する人を10年も見ていると、ある傾向が嫌でも分かってきます。

その中の一つに……「メンヘラは痩せない」というのがあります。

特に小さい頃からある程度太っていて、「ずっとデブだった」と言う人に多いのが、ここでいうメンヘラデブなのです。

よくよく話を聞いてみると、小さい頃いじめられていた経験があったり、デブデブと言われ続けて認められることが少なかったりするせいか、自己肯定感の低さとそれに相反するようなすさまじく高い承認欲求というアンビバレントな矛盾する感情が同時に存在します。

今では誰一人として信じてくれませんが、私も気弱な性格なので、保育園の時には年上に後ろから羽交い締めにされて殴られまくっておりましたし、小学校時代は学校で問題が起きるたびに何かと私のせいにされ、先生から目の敵にされるなどして不登校になるくらい悩んだ時期がありましたから、その心の傷というか心理はある程度理解はできます。

ですから、個人の心の傷をないがしろにして、そのことを忘れろと言いたい訳ではありませんが、自分の抱えるネガティブな体験をいつまでも引きずっていては、いじめたやつらの思うつぼだとも思っております。

そもそも痩せることとは無関係なのです。

本稿のテーマは「メンヘラは痩せない」でしたね。

例えば、何をアドバイスしても「どうせ私は昔からデブだし」「どうせみんな私のことをデブだと思っている」「どうせ私は今まで太っていたから」と何を言ってもメンドクサイデブ特有の返答が返ってくるのですよ（笑）。

それでいてちょっとの頑張りをストイックと勘違いして、まるで獲物を獲ったから褒めてと尻尾を振る犬のように、全力で認めて褒めてもらおうとするのです。ハッキリ言って普通に痩せている人間の感覚からしたら、ごくスタンダードなトレーニングでしかないのに……。

ちょっと待って!? アナタは何があっても責任転嫁して「人のせい」にして生きてきたのに、肝心なアドバイスには耳を傾けず、そこだけは自分のデブなプライドを守るわけ？ しかもそのプライドって守る価値あるのかな？ そう思いませんか？

ね!? メンドクサイでしょ、メンヘラデブって!

だからメンヘラデブは嫌なんですよ、とにかく!!!

多分ね、こういうことを本に書くと「絶対にコレ私のこと言ってる!」とか思って、ヘソを曲げるのかなと思いますが……大丈夫です安心してください! もうそんな人は相手にしておりません(笑)。

ただ私はデブな人はデブだと思っているに過ぎないわけで、それは当然のことで、別に特段悪いことでも不思議なことでもなんでもないはず。

カワイイ女子がいればカワイイと思う、美人がいれば美人だなと思う、身長が高ければ背が高いなと思う、カッコイイ人がいればカッコイイと思う、メガネをしていればメガネをしているんだと思う……という感覚は至極当然のことだと私は思いますので。

その中の一つのカテゴリーでしょ? デブも。

重要なのは「昔どうだったか?」ではなく、今この瞬間からアナタは「痩せるための行動をするか? しないか?」だけなので、「絶対に痩せてやる!」と思えるならまだしも、勝手に卑屈になってしまうといったメンヘラな行動をされると、うまくいくものもうまくいかなくなってしまうのです。こうなったらもうメンドイの極みでしかありません。

例えば、「何かをしてみました」→「結果がよかったです」→「でもたまたま○○になっただけだし、私なんてそんなアレじゃないし」……こういう感じで自己肯定感がすさまじく低いので、自分がした努力からくる結果への喜びを感じることができにくいのです。

またダイエットの一番の敵であるストレスを自ら大量生産してしまい、自分で自分の首を絞める発想に陥り、最終的には挫折しか道がなくなるというのがメンヘラデブの末路です。

今までがどんなアナタであっても、気を付けるべきポイントさえ押さえてしまえば次の日からスルスルと痩せるのがダイエットです。

だから、いちいち、グチグチ過去の事を気にしたり、デブな自分を周りに認めさせるなんて手の込んだことはしなくていいし、メンヘラデブなんか逆に言えば伸びしろでしかないのだから今すぐ痩せやがれ!!! という話なのですよ。

04 デブキャラ定着デブは痩せない

前の記事でメンヘラに触れましたが、今回はメンヘラではないけれどデブキャラが定着して抜け出せないデブについて書きます。

どちらかというと明るいデブです。

ただね、これはうまく自分がデブデブと言われてもいじめられないようにとか、その人なりの自分が所属するコミュニティーでのポジションを確立するために〝防衛的〟にしているパターンが多いのです。

いつも笑顔でいるには、裏にはツライ過去があっても、笑顔でいれば乗り越えられ、敵ができないと気付いた経験があったのかな？　と思っております。

でももう、本当はそんなことをして取り繕いたくないでしょうし、痩せたら金輪際作り笑顔で取り繕わなくてもいいんじゃね⁇　というのが〈俺のジム〉の考えです。

例えば、ある程度の年齢になってくるとコミュニティーやグループ内でのノリ、フリ、ボケ、ツッコミが決まってくるものです。

例えばランチタイムの席などで、「○○君は勿論大盛りだよね～！」と言われれば、そこでデブは必ず「すみません！　大盛りじゃなくてメガ盛りってできますか？　あと○○丼も追加で！」みたいな、変なサービス精神が出ちゃうパターンって、結構あるあるなシチュエーションなはず。

ただ、ダイエット視点から見るとよい事なんか一つもないんですよ。

一説によると、デブと一緒に食事に行くと普段以上に太る確率は3倍以上に膨れ上がるそうです。

実際に一例を挙げると、私はよく元ボクシングの教え子で唯一〈俺のジム〉で40キロ太ったジンくんと食事に行くのですが、「俺こんだけ食っちゃいますよ?」みたいな雰囲気と表情でラーメン大盛り、チャーマヨ丼、餃子、ジュースなどをまとめて注文し、その全てをものの5分足らずで平らげてドヤ顔をするという事例もあります(笑)。

本当のジンくんはその体の大きさとは裏腹に細かい所までよく気付き、実はすご〜〜〜く繊細な優しい心の持ち主ですし、小さい頃を知っているだけに、きっと彼なりの処世術なのだなと脂肪の蓄積以外の成長をシミジミとした気持ちで見守っています。そして、それにつられた私も私で同じ量を食べてしまいそうになることがありますが、グッと堪えて我慢します。

デブキャラが定着をしたデブは絶対に痩せることがありませんし、一緒に食事に行くと食べる量が増えて太る確率が3倍以上になるという先のデータも肌で感じております。

（一定の信頼関係のもと、この記事を書きながらジンくんに電話をして許可を得て掲載を快諾してもらっております。ジンありがとうね！）

ワンポイント・アドバイス①

拓朗コーチです！

キャラ定着って恐ろしいですね。

本来なら、よしとされないデブが、そこではその人の武器というか味みたいになっちゃうわけですからね（笑）。

ちなみに女性会員の影山さんは、ＭＡＸ時は、今より30キロ近くも太っていたそうなのですが、どうしてそこまで太ってしまったのか理由を聞くと「当時は大食いキャラの自分が嫌いじゃなかったから」とのこと。

今では、デブだった頃の姿など見る影もないほどスラッとしていて影山さん自身も「そんなの考えられない」って言っていましたけどね！

05
目の前の事しか見れないデブは痩せない

デブって、とにかくまぁ、目の前の事にすこぶる弱いという特徴があります。

●目の前に料理が出てくれば断れなくて食べる
●目の前で誰かが食べると食べる
●目の前にある運動から逃げる
●目の前の感情に流され目的を忘れる

●目の前に現れたお菓子を買ってしまう
●目の前の体重に振り回されて落ち込む

挙げれば止めどなく例が出てくるくらいに、とにかく目の前の事に言い訳をして食べてしまったり、やらなければいけない事をやらずに過ごしてしまうのです。

結論から言えば「だからデブなんだよ!!」の一言で終わりですが、デブは視界が狭いのでそれを分かってはおりません。

仮に、ダイエットをハードル走に例えて述べてみます。

一つ目のハードル（食べ物）が出てきた時に「私の前だけハードル（食べ物）が出てきて越えられないから食べちゃいました」てなこと平気で言い出すのがデブという生き物なのです。

全てのダイエッターの前にハードルは必ず出てきますし、特にデブの場合は、今までの自分のデブ生活が長ければ長いほどそのハードルは高くなり、何個もいろんな種類が出てきてしまう……でもそれはほかならぬ自分のせいということには絶対に気付きませんし、認めようともしないのです。

私の好きな言葉に「積小為大《せきしょういだい》」という二宮尊徳の言葉があります。「小さい事が積み重なって大きな事になる。だから、大きな事を成し遂げようと思うなら、小さい事をおろそかにしてはいけない」という意味です。

デブは一日にして成らず、というか、日々蓄積してきた脂肪によって形作られてきたわけですから、まずこのことを自覚すべきです。こうした自覚がないから規格外のデブになってしまうわけで、当然と言えば当然ですが、デブからの脱却を図るには、日々のささいな努力を怠ってはいけません。デブも、今述べたような格言や人生の法則から逃れることはできないのです。

ソコに気付けないデブは一生太ったまま、ブーブー言ってりゃいいのです。

自分以外、誰もアナタの脂肪を消し去ってはくれませんし、最終的にアナタ自身が目の前の事だけにとらわれてしまう思考のクセから自分で抜け出して行動しない限り、万年ダイエッターになってしまうことは必定《ひつじょう》です。

「自分がどうなりたいのか?」「それはなぜなのか?」

それとも「しっかりと先を見据えることができないデブのままでいたいのか?」

こう自問自答してみましょう。

決めるのはアナタ次第です。

06
自己流ダイエットデブは痩せない

〈俺のジムで痩せていけ!!〉では、ダイエットを自己流でやろうとする人は基本相手にはせず、静観しております。

これは言うまでもありません。

人は失敗しないと気付けないからです。しかし、困ったことに、自己流ダイエットデブは失敗しても気付けない先頭集団でもあるんだですよね。今までアナタは様々なダイエット法に手を出してきたはずで、勉強熱心な方は本を買って読んでみたり、自分なりに試行錯誤したりした結果……。

この本を読んで、未だに迷える子羊をやっている訳です。

ということで、自己流には限界があるし、極論すれば自己流は無意味なのですよ。

だって実際アナタは〝現在進行形のデブ〟だろうが‼

デブに限って「自己流では限界があるようで……」と言ってきますが、性格の悪い私は心の中で思わずこう叫びたくなります。

「なーに自己流なんて格好つけてんだよ！　自己流の自己に当てはまる筆頭はデブだと気付け！　〝デブ流ダイエット〟でしかねぇんだよ、そんなもん！」

どんなに私に弁解をしようと「で、聞くけど何でアナタは今もデブなの？」の一撃で、全てがひっくり返されてしまいますでしょ？

自己流はなぜ痩せないのか、その原因をもう少し掘り下げてみると「自分の過去の小さな成功体験が邪魔をするから」が挙げられます。

例えば、軍隊系ダイエット、圧力系ダイエット、ダンス系ダイエット、呼吸系ダイエット、プロテイン系ダイエットというように、この10年で多くの「自宅でできる系」のダイエット方法が世の中で流行りましたよね？

それにアナタみたいな単純明解なデブ思考の人たちが群がった結果、少しは痩せたのでしょう。

そして、アナタはこう思います。

「あの時はこうして痩せたから大丈夫」

楽して痩せるなんて甘い言葉に飛びついて、今では完全にリバウンドしながらも、自分の過去の小さな成功体験しか見ない……。

このデブめがっ!!!

お前のリバウンドとセットな成功体験なんて、しょうもなさ過ぎて屁の役にも立ってないということを知れ!! という話です。

〈俺のジム〉の会員を見ていますと、やはり痩せる人というのは〈俺のジム〉のブログをしっかりと読み込んで、今までのダイエット知識や生活面などをバシっと180度変えるくらいのことは当たり前にしているのです。

デブは自分が変えられることを極端に避ける傾向が無駄に強いのですが、現在太ってる↓でも痩せたい↓じゃあ真逆に進めばいいだけ!! ということは十分理解できると思います。

だーかーらー!!! 今までの自己流なんて今すぐに捨て去って、今アナタが通っているジムがあるのであれば、アナタのコーチが言っている事を100%実行していくことをオススメいたします。

っていうか、そのくらいヤレ!!

自己流の自己に当てはまるのはデブだけだ!! もう二度と言うんじゃねぇ! お前がやってきたのは〝デブ流ダイエット〟に過ぎないと頭に叩き込め!

07

頭の固いデブは痩せない

「え？　なんでそんなに脂肪だけはタプタプして柔らかいのに、頭だけは固いの⁇」

そう嫌味の一つや二つを言ってやりたくなるタイプのデブです。

〈俺のジム〉のブログの記事数は１５００以上もあって、そのほとんどが毒舌や嫌味なので、一つや二つで済んでおりませんね（笑）。これには理由があって、毒舌で書かないと皆様の分厚い脂肪を突き破ることができないのでキャラとしてやっておりますので、許してね！

さて、これまでのメソッドで〈俺のジムで痩せていけ!!〉のダイエットは、デブ特有の思考回路に斬り込んでいくスタイルだということが、お分かりいただけたのではないかと思います。タイプ別に「こういう考え方しかできないからデブなんだよ！」ということを、実例を挙げながら書いてきました。

皆様どうでしょうか？　そろそろ「ダイエットは理論じゃねぇ！　思考だ！」ということも、ご理解いただけてきたのではないでしょうか。

先に述べたように、デブも先人の知恵や人生の法則から逃れることはできないのですが、そうしたことから逸脱しがちなのもデブの特性です。

特に頭の固いデブは要注意！

例えば、「ダイエットに○○の食材はいいですよ！」とアドバイスをしたとします。すると、頭の中が「ダイエットには○○ダイエットには〇〇ダイエットには〇〇ぅーーーーーっ!!!」となって、次の日からもうバカの一つ覚えみたいにソレしか食わなくなってしまうのです。

目の前の事を一心不乱に頑張って結果を出そうとする姿勢はいいのですが、ときとして本来の目的とは少し違う次元にズレていってしまい、意味のない猪突猛進になってしまうわけです。

まるで世の中にはその食材しかなくて、その食材さえ食べていれば脂肪を全部消費してくれて、健康面もバッチリでダイエットも必ず成功する、とでも思っているかのようにです。

まぁ、それが今まで「コレが大好きでやめられないんだよな」とソレしか食べてこなかったデブの特徴で、その矛先が薦められた〇〇に変わっただけの話でして、デブがデブたるゆえんなのですよ。

もうね、ここまでくると「手が付けられない」と昔から相場が決まっているんです。

右って言ったら「ダイエットするならミィーーーギィーーーーっ!!!」となるくせに、ハードルが現れたら乗り越えられない言い訳をしますでしょ??

話にならないのです。

という訳で、今までは思考面の事を書いてきましたが、どうでしょうか??　メンタルはやられてないですか??

「ああっ、ソレ私だ！　全部当てはまってる……」とショックを受けてはいませんか??

次のトピックからは実際の行動面について思考を絡めながら書いていこうと思います。

痩せたけりゃ本を閉じるな‼
耳を傾けろ‼
そして読み込め‼
さらっと読んで「へぇ〜」じゃねぇ‼
読んで読んで、読み込むんだ‼

08
3食食ってるデブは痩せない

ここで一つ告白を。

私が本を出そうと思った一番の理由。

「デブを黙らせたい」

これに尽きます。

その中でも黙らせたいタイプが二つあって、その一つが「3食健康説」にとらわれたデブでした。

今でこそ1日1食や2食は常識になりつつありますし、そういうことを書いているダイエット本も増えてきました。

言っときますけど、私、10年ほど前ジムでメルマガを配信していた時代から、何度も3食の多さを説いた記事を書き続けてきたんです。今でも〈俺のジム〉の公式サイトのブログで繰り返し主張しています。にもかかわらず、誰も聞く耳を持ちません。

デブ：「健康のため3食は食べないと」「朝ごはんを食べないと力が出ない」「私は3食食べる派だから」

私：「3食食って太ったんだろ?」「力が出ないって言うけど何その脂肪というエネルギーの塊は?」「3食食べる派ってあるの?　つまりは太る派ってことね?」

そう思っていたある日、1日3食をやめて1食〜2食を推奨する1冊の本をジム内のグループLINEで紹介してみたところ……。

会員の多くが実践し始めてこう言うのです。

「あの本を読んで実践して痩せました！　しんごコーチが言っていたことが初めて分かりました！」

会員が痩せてくれたことはうれしい半面、だから10年前から言ってんだろうが！　舐められてたんだな‼　と自分の無力さも感じ火が付いたのです（笑）。ごめんなさいね、会員の皆様！

あぁ〜そう言うことね……じゃあ私も本を書いてデブを黙らせよう……それが一番の理由でした（笑）。

前置きが長くなりましたが、ここからが本題です。

結論。1日3食を食ってるって、健康でもなんでもないのですよ。

仮にこう質問されたらアナタはどう答えますか？

「1日5食を食べたらどうなりますか？」

ほとんどの人は「そんな食生活では太ってしまう」と解答すると思います。

不健康だと分かりますね?

では4食ならどうでしょうか?

これも「それでも太ると思う」という答えでしょう。

不健康だと分かりますね?

3食ではどうですか?

答えられますか? 「食事は3回が基本だから健康的」と言い切れるでしょうか?

5食や4食は太るから不健康であるならば、3食で太った事実がある以上、3食は健康的でも何でもないと理解するのが自然なはずなのですが、世の中の99%のデブどもは長年の習慣や先入観によって……。

「食事は3食」

「3食は健康的」

「3食がバランスよい」

と勘違いをしているだけなのです。

この本では他のダイエット本の著者が書いてくれているような栄養学的、医学的、科学的な事を書くつもりは毛頭ございませんが、加齢による代謝の低下、食べるモノの質と量、食べ方、食べ合わせ、食べる時間、運動と仕事の時間との兼ね合いというように、様々な要素の不都合な部分が蓄積して「太る」という好ましくない状態を生み出しているのです。

その一番の原因であり根幹に当たる最たるものが「3食＝健康的」という幻想で、これはただの先入観でしかないのです。

世の中にあふれ返っているどの食事系ダイエットも、突き詰めれば、

「どうやって量を減らすか?」「どうやって食べながら痩せるか?」という「量」に行き着いてくる事実があります。

ダイエットで一番苦労するのは食生活の改善ですが、何故に苦労をするのかと言えば「皆が皆、3食という先入観の中でやろうとするから」でしかありません。

この本を読んだデブは今すぐ、次の食事を抜いてみればいいのです。すぐ痩せるよ! 目の前に差し出された〝すぐ痩せる〟は大好物だろ!! 結局のところ、食べること以外で人間は太れないのだから、3食で太ったのなら2食か1食にすればいいだけのことなのです。

ワンポイント・アドバイス②

拓朗コーチです！

３食しっかり食べなさいと言う人って、そもそも不思議ですよね。

だって、言われた通り３食食べ続けた結果、皆太って身体を壊してしまっているわけです。そして、お医者様から「食い過ぎだ！」って怒られたりしているんです。

もし仮に、そう怒られた人がお医者様には秘密で１食にして平均体重まで痩せたなら、お医者様は絶対「健康になったね！」と褒めてくれると思うのですよ（笑）。

でも、１食にしたという事がバレた瞬間「そんな不健康な事はやめなさい！」と、また怒られると思うんですよね（笑）。

09 カロリー神話デブは痩せない

前回、黙らせたいタイプが二つあると書いた二つ目について述べます。

これはいまだに専門家やある程度メディアなどに露出しているダイエットインストラクターでさえも大々的に唱えている人が余りにも多いことで、私は正直というか正直じゃなくてもいいかげんウンザリしております。

もちろん、素人でデブなアナタも何となくだけどしっかりと「痩せるには摂取カロリーが消費カロリーを上回ればいいだけの話」のような認識をしていると思われます。

このことなんだけど、もうね、頼むから1発で理解してくれよと思ってしまいます（笑）。

いいですか⁇　1発で覚えてくださいね⁇　誰でも分かるように限界まで端折って言いますので。

「太る」というのはぜい肉が付くことです↓ぜい肉の原因は糖質です↓だからアナタのぜい肉は糖質を身に付けていると認識してください。

「糖質を摂取すると血糖値が急上昇します」↓「血糖値を下げるには糖を脂肪（ぜい肉）に変える工程があります」↓「つまりぜい肉は脂質の高い食品で付くのではありません」

これね、せっかく本を出すのに、若干めんどくせーな！　またこの説明かよと思っている自分がいるというくらい、カロリー神話を信じているデブの思い込みは、〝世紀の大勘違い〟なのです。

こういうことを言うと「でも、脂質は1グラム当たり9キロカロリーあるし、私はカロリー計算したら痩せたから、コーチはカロリーじゃないって言うけどカロリーは関係あると思います」みたいなことを言ってくるデブがいるのですが……。

カロリー計算で痩せた人の食事をよくよく聞いてみると、今まで散々外食しまくっていたデブが「〇〇はカロリーが高いから食べない！ △△もカロリーが高いから食べない」というように単に食べる量が減っただけで、その本質はそもそもカロリーうんぬんの話ではないのです。

でも、それすらもカロリー神話を信じているが故の先入観が邪魔をして「カロリー計算したらやっぱり痩せたぜ！」といった1ミリも使えないムダ知識のストックが増えてしまうのです。

２０２１年の４月から５月までの１カ月間、ジムの女性会員５人（廣瀬さん、増子さん、菅野さん、影山さん、矢吹さん）の協力を得て実験をしました。

内容は、最初の２週間は１日２食だけどその１食を糖質以外で超高カロリー食にして限界まで食べるというものです。食事内容はＬＩＮＥを使って確認しました。

さすが元デブの皆様です。いや〜〜〜食うわ食うわ！

私の甘い見積りによる「限界まで食えと言っても女性だし、男性の私に恥ずかしい食事内容を送信してくることはあるまい！」という考えはいとも簡単に打ち破られたのです。

私の指示で「実験結果を最大化したいので、中途半端にやるな！」というのがあったとしても、「そら太るわな」と思うくらい、とにかく皆様すさまじい量を食べるのです（笑）。

実験に参加した廣瀬さんがステーキとハンバーグを合わせて600グラムも食べた時には、私の指示を忠実に実行していただけていると理解はしながらも、一瞬「痩せる気あんのか!?」と感じてしまうほどでした。

これね、カロリーだけで言ったら2500キロカロリーのメニューにプラス軽くもう1食で合計3000キロカロリー余りは摂取していたはず。

カロリー信者からしたら太る定番メニューみたいに映りますが、廣瀬さんは次の日も全く体重が増えていないどころか体重が減っていたのですよ。

しかも、「お肉だ!」「チーズだ!」「カラアゲだ!」と言いながら、カロリーを高くするために「オリーブオイルをかけました!」というように、実験中は皆様が好きなモノを自由に食べておりました（笑）。

で、この1カ月間にわたる実験の結果、廣瀬さんは7キロ、増子さんは6・6キロ、菅野さんは3・0キロ、影山さんは途中アクシデントがあり3週目でリタイアながらも2・6キロ、矢吹さんは2週間で3・6キロというように、皆様、超高カロリー食にもかかわらず体重が落ちているのです。

ね!?　カロリーなんて、そんなの関係ね〜ことが実証できたのです。もしカロリーが関係あるとしたら、この実験で皆様ブクブクに太っているはずです。

さらに遡ること1カ月前の2021年3月。私は7日間糖質だけ3食生活という実験をしました。詳しくは〈俺のジムで痩せていけ!!〉の公式インスタグラムにモノクロ動画が掲載されているので要チェックです。

この時の1日の摂取カロリーは、さきほどの女性会員5人の実験と同じくらいか、やや低いくらいでしたが、7日間で10キロも太りました。

この二つの実験の結果、摂取カロリー的には大差がないにもかかわらず、私の糖質のみの食事では10キロも太り、会員による高カロリーだけど糖質は食べない実験では痩せている事実からしても、ぜい肉の原因は糖質であり、カロリーなんか1ミリも関係ないことが立証され、確かなエビデンスとを得たと言えます。

ここまで書いても「え〜でも揚げ物はなんか怖い」とか思ってる人がいたら、そのときは自分はスタイルだけじゃなく頭も悪いと思って、ダイエットは諦めてください。

10 長期的に考えてるデブは痩せない

「長期的な目線でダイエットをしたいと思っています」

そうおっしゃる方はお問い合わせの時点で結構多くいらっしゃいますが、それには次のような理由や背景があるようです。

●1カ月に2〜3キロじゃないとリバウンドするっていうよね
●少しずつやっていけば体の負担が軽減できる
●前にドカンとダイエットしたら、それ以上にドカンと戻ってしまったおおまかに言うとこんな感じでしょうか??

ただ、〈俺のジム〉で大幅に痩せた会員に100%共通する事があり、それが何かというと……「痩せるときはスイッチが入り、痩せたトータル体重の8割前後を1カ月、もしくはそれよりも短期間に痩せている」という事実です。

人間は食べることでしか太れませんので、〈俺のジム〉に入会して食事も運動も心も180度バチっと変われば、1週目で2～3キロなんて当たり前に減ってしまう数字なのですが、逆に1カ月で2～3キロなんていったら1日当たり100g程度の調整が必要になるので、「そんな調整ができていたらデブになってねーし!」という話だと思いませんか?

痩せ思考にいったんなってしまえばスルスルと痩せちゃうのは当然の

ことですし、リバウンドというのは運動だけで痩せて食事は以前と変わらないから起こる体の反応としては当たり前……というかリバウンドとか気取って言ってるけど食ったから元のデブに戻ったというだけの話でしかないのです。

さらに踏み込んだ話をすると、デブというのは自分が変わることを恐れて楽な方楽な方に逃げ続けてきた生き物なので、「長期的な目線で痩せればいいと思っています」という大義名分のもと、「だから今スーーーっと痩せていかないのは仕方ないって分かってね」という、カッコつけた言い訳として言っている場合が多いのですよ。

だってそうでしょ??

180度バチっと変わればスーーーーっと痩せるんだから、やればいいだけなのに、「ソレをしない理由がデブなアナタのドコにありますの？」という話です。

しょうもないデブであることを自覚していながらも、自分の殻を〈俺のジム〉のようなクセの強いジムにやすやすと破られたくないとか、痩せたいけど少しくらいは食べ続けたいから「長期的に痩せることを考えています」と言い訳している可能性が高いのです。

根気もない、目の前の事に弱いのがデブなのですから、それを逆手に取ってパパパっと一変させてスーーーっと痩せたという結果を自分で自分の目の前に出してあげりゃいいのです。

11

体重を気にするデブは痩せない

「体重を気にするデブ」って、これね、結論から言いますと、体重計に乗って落ち込みますでしょ!?

アレなんでですかね？

誰がどう見てもアナタはデブだって自分でも分かっていますよね？己の体重を確認して落ち込むって理解に苦しむ訳です。しかもそのストレスで食いますでしょ!?

痩せること、つまり体重が減ることというのは、ダイエッターにとって「うれしい・喜び・快感」であり、重要かつ絶対外せない一大目標であることは理解できますし、私もソコは永遠のテーマだなと感じてはいるものの、「体重だけ気にする」大きなデメリットもまた感じているところなのです。

ただ、ダイエットと体重は切り離して考えなくてはいけないというか、そもそも全く別物だということについては……後ほど。

体重だけ気にすることの一番のデメリット、それは体重という数字に振り回されて一喜一憂してしまうことにあります。

例えば、「ごはん食べました」→「体重計乗ってみます」→「コーチぃ1・5キロも太っちゃったんですぅ……」

当ったり前だろ、食った直後なんだから！　しかし、食った瞬間にぜい肉になるのかと言ったらそうではない!!!

いくらそう説明しても体重だけを気にしているデブは聞く耳を持ちません。

そしてこう妄想を膨らませるのです。

「あんなにキツいトレーニングもして、食事に気を付けたのに全然努力が実らない！　なんか最近モチベーションが上がらなくてヤル気出ない……」

はっ？　バカなの？　モチベーションはただ一つ！　デブ脱却だろうが!!!

もう一生デブでいろや！　という話です。

ところで、実際に気にすべきは体重じゃなくて、実は〝体型〟なのです。

アナタは「デブな体型のまま体重は20キロ痩せられますよ！」と言わ

れたら手放しで喜べるでしょうか？

ほらね「ノー」でしょう⁉　本当のところは体重ではなく、体型なのです。

体重と体型って別物でしょ⁇

本当のところ気にしているのは体型であるはずなのに、体重にとらわれて一喜一憂して、ときとして自暴自棄になるくらいなら最初から体重計になんか乗らなくていいんです。

ただ、これはデブの中でも意志薄弱な〝大デブ〟に向けた話なので、そこまで太ってはいなくてある程度自己管理ができるタイプであれば、体重という一番分かりやい数字を追ってダイエットができるので、しっかりと自分はどちらのタイプなのかということを考えてみてから実践してくださいね。

もし、体重に振り回されてしまうタイプならば、今すぐに体重計なんか捨ててしまってOKです。

気にすべきは体型で、できれば毎日、お風呂上りにでも鏡に映る自分の裸体を直視して現実を変えていくべきなのです。

体型だけを見ることのメリットは、ダルダルな体でもしっかりとダイエットに励めば「アレ？　なんかココの肉減ってきたかも？　やった～！」となり、どんどんダイエットが楽しくなって勉強もしっかりとするようになりますし、デブのときには耳に痛いアドバイスも素直に耳に入るようになって、相乗効果に次ぐ相乗効果が生まれ、痩せスピードが加速していくところにあります。

こうなってしまえばもうダイエットなんか〝たかがダイエット〟になってくるので、一気にダイエットライフが変わっていくでしょう。

12 明日からやろうデブは痩せない

「明日からやろう!」というのは前向きな言葉に聞こえますし、ダイエット以外の出来事でなら、今日は充電して明日からまた頑張ろうというように、人間にとって必要な事だと思います。

しかし、さすがそこはデブ、自分が食べる、楽をするためなら巧みに都合のいい言葉の解釈や、なんなら自作のポエムみたいな言葉を作り出してでも、食べようとしたり、楽な方向に逃げて問題の先送りをしやがるのです。

この本を手に取ったアナタはもしかすると〝ダイエットＩＱ〟が高い、痩せる可能性の高いデブかもしれません。

耳の痛いことをズバズバと言われてもここまで読み進めているということは、自分自身の甘さにふたをすることなく「そうだよな……私のことだ」と思えているからです。

いいですか？　だからこそアナタのダイエットには「明日からやろう」なんて不要なのです。

ダイエットというのは、「歩く」「食べる量を抑える」というちょっとしたことを「今」やるだけで明日は痩せているものだからです。

痩せる人というのは「明日からやろう」なんてことは絶対に言いませんし、ダイエットについてどのような行動をしているのかを聞いてみると、何かしらもう始まっていて、しかも、それが既に「１週間です！」

「2週間です！」が普通ですし、しっかりと結果を出してくれる〈俺のジム〉の会員は「ジムに入会した時からずっと実践しています」なんてこともあるくらいです。

デブの「明日からやろう」「明日から頑張ろう」で来る明日なんて、何も変わっていないデブな明日でしかありません。

何も変わってない日々に落ち込むのがデブ思考だろう!?

今すぐサッササと動きやがれ！

13 特例、例外を作るデブは痩せない

デブという生き物はとにかく「今日は特例・例外」をアッサリ作って食べてしまったり、運動をいとも簡単にやめてしまうのです。

「今日は会社で力仕事をしたから疲労回復には甘い物だな！」

「今日は1日中バタバタ動いて相当な距離を走ったのと同じくらいの運動量だからジムを休もう！」

といった感じで、気分次第でいつでも特例や例外が適用されてしまい、やがてそれが普通＝スタンダードな食生活になっている場合が多く、だ

からデブなんだと自覚しましょう。

例外がスタンダードでは例外も例外じゃないでしょ？　そんなもんはやりたい放題でしかないですし、それで太ったのがアナタなのです。

そして、例外と感じるその沸点が低い！　アナタが水なら30℃で沸騰しちゃってる状態だぞ、と感じるくらいに沸点が低いのです。

冠婚葬祭等はもちろん例外に入れていいですが、「友達に誘われたから」「親戚が集まるから」「家族が一緒に食えって言うから」「もらったものを食べないと悪いから」と、ことごとく例外を作り出して人のせいにして食べてしまうのですね。

先の〈俺のジム〉の実験に参加した会員の菅野さんも1日1食にする場合は、周りの協力や理解を得るために〝宣言〟をした方がいいと実験後の感想に書いていましたが、私からも強く薦めておきたい方法であります。

人間というものは、家族でさえも「なんかお前が食わないと食いづらい！」などと、アナタが痩せることより、自分が楽しく食べることを優先してくるのです。

それが他人となれば「A子ちゃんは太ったままでもカワイイよ！　ありのままでいいよ」などという1ミリも本人のことを思っていない言葉を平気で発するものですし、そういうことを言う人って大体はA子ちゃんよりちょい痩せてるくらいのデブがほとんどで、自分よりA子ちゃんが痩せてしまったら「私が一番デブになってしまう！」という潜在意識が働いているだけで、A子ちゃんのことを思いやった言葉でなんかではないのですよ。

よく考えてください‼

一緒に食べてくれた方が楽しいのは分かります。

それがBBQや親戚や友達が集まる会であればなおさらのことです。

ただ、そのお誘いをひらりとかわすテクニックもなしに、相手を不快にさせるような言い方や振る舞いをしてしまうアナタがいるということも知っておく必要があるのです。

「俺（私）はダイエットしてるから食わないよ！」

「あ、それは太るからいいや！」

「見てると食べたくなるからアッチにいるね！」

そんなに「私ダイエットしてるぜ感」を出されてしまったら、誰だって「こんなときくらい空気読めよ！」と思うのは当然なのです。

周りの人に配慮した対処方法は次のような感じです。

●「自分の分まで食べて！　それを見てるだけで満足！」と言ってお

く！

●「何かを食べるようにと声が掛かる前に自分から取って食べてますよ！」と先回りのパフォーマンスで見せておく

●「あぁ〜もう焼きそばはお腹一杯だからお野菜いただこうかな〜」
　といった言い回しにする

●「ダイエットを始める前に、自分が痩せたらアナタとドコドコ行きたい」などと相手にもメリットがある事を伝えておいて、相手の無責任な「一緒に食べたい」を防いでおく

といったように、周りを不愉快にさせず、ときには巻き込んで、ダイエットに協力や理解を得た方が確実じゃないでしょうか？

それを「どうせ私は食べられないし」と卑屈になってるのかなんだか分かりませんが、ひもじそうにみんなが食べているところをジッと見て

いたのでは、食べにくいに決まっています。

そして、アナタはアナタのダイエット中という事情だけをパートナーや周りの人にバーンと投げつけてしまうと、逆に予期せぬ反動がバーンと返ってくるだけなのです。

ダイエットは自己管理です。そして、自己管理には、食事や運動に関する特例や例外を作らないためにも、周りの人への配慮や先回りの行動も含まれていると知りましょう。

14
ダイエット食を食べるデブは痩せない

まず、イメージしてみてください。

「アナタは毎日自炊をしています」→「割と献立も考えてバランスよく食べています」→「でもダイエットをしようと思い立ちました」→「いきなりモズク、豆腐、サラダ、サラダチキン……」

それがもうデブの第一歩なのです。

あのね、アナタはデブですよ？　食べることには目がない正真正銘のデブなのですよ⁇

それがいきなりサラダチキンだのワカメだのって続きますか?? 美味しい物で頭が支配されて「アレ食べたいコレ食べたい!」「こんな生活いつまで続くんだ?」と思ってしまうのではないですか?

そういう戦時中の食事みたいなことをやるからストレスが溜まってバーンと糸が切れてまた食欲が爆発するのです。ダイエットって5キロ痩せたら終わりではなく、それを維持しなければいけません。

いい加減に学習能力を身に付けろ、デブ!

超高カロリーでも大丈夫ということは前に説明しましたので、ここでは説明はしません。

今まで普通に作っていた食事から糖質だけを抜いて量は増やしながら、回数を減らす。

ただただこれだけで何の問題もなくスッと痩せるのに、変に気合が入ってしまって世間一般で言われているようなダイエット食やカロリー低めの貧相な食事をしてしまうが故に、心まで貧しくなって崩壊するのがダイエット食の落とし穴なのです。

〈俺のジムで痩せていけ!!〉では、サラダとかサラダチキンとか禁句だぞ、というくらいボロクソに公式ブログに書いているので、こうしたダイエット食を食べている人はあまりいませんが、すでに痩せて食欲も抑えられる会員であれば、手軽に食べられるタンパク源として摂取する分にはかまわないでしょう。

　つまりは、そのレベルにならないと手を出してはいけない食品が俗に言うダイエット食なのです。

ワンポイント・アドバイス③

拓朗コーチです！

ダイエット食といえば、パーソナルコース会員の山田さんから初めて食事の写真が送られてきた時は驚愕でした（笑）。

その写真には皿イッパイのキャベツの千切りにブロッコリーが数房、そして何も味付けがされていない茹でササミが弱々しく横たわっていました。

きっと、ササミがその時の山田さんの心理状態を代弁していたのですね……。

今では食べるところは食べながら、ストレスなく1カ月半で約10キロのダイエットに成功しています。

15

運動を自己投資だと思えないデブは痩せない

拓朗コーチです！

このパート、〈俺のジムで痩せていけ!!〉の現場に立っている立場から書かせていただきます。

デブは総じて運動が嫌いなんです。

「1日をいかに動かないようにして過ごすか」「いかに努力をせずに生きていくか」という〝努力〟に一生懸命になっているんです。

なんでそっちに意識が向いちゃうんでしょうかね。デブって、そういうふうに努力の対象がねじ曲がってる場合が多いようです。

おなか回りにフリフリがついたワンピースとかオーバーサイズの服を着て、いかに太って見られないようにするかといったファッションテクニックばっか会得して……。

あれ、正直言ってあんなことをしたって「あ、この人は太ってるように見られたくないからフリフリのワンピースを着てるんだな」って思われるだけですよ。誤解を恐れずに言えば、われわれの認識としてあれはデブ専用装備なので。あれをチョイスしちゃう時点でデブです。

「もう、そう見られたくないんだったら痩せろよ!!」ってあきれ半分に思うんですけどね。

話を運動に戻すと、デブって運動を〝自分への投資〟だと考えられないんです。ひたすらマイナスに考えます。

いざ運動すると「キツい、辛い、無理です」とあたかも自分が無理やり動かされているかのような被害者面。

いやいや。ダイエットをするという決断をしたのはアナタでしょ？痩せたいんじゃないの？

ダイエットや健康面を考えての運動って、当然、自らへの大きな投資になるはずです。

第一、今まで散々自分を甘やかしてきて身体が動かないなんて、そりゃそうに決まってるじゃないですか。

誰もが全員キツいんです。アナタだけじゃないんです。ただ今までの生活のツケが回ってきているだけで、自分が特別か弱いとでも思ってんのか、という話ですよ（笑）。

特に顕著に出るのがランニング。ランニングってデブが一番嫌う行為なんですね。その分、最高に痩せるトレーニングなんですけど（笑）。

なぜかというと、他のトレーニングと比べ長い時間動き続けますし、途中でやめるという選択肢が生まれがちなので、自主性が求められます。

デブは自分の目先の事しか見えていないので、「この速度で走りましょう」と言っても、自己判断で勝手に速度を下げ、次第には歩き始めます。

この先の自分につながる投資だと思えないのです。

そう考えるとジムの会員の健史さんや美樹さん、真由美さんはトレーニング前にランニング、休館日は自らランニングに出て走るって、本当にすごい事をしているのですよ。

ランニングを含め自主的に運動するという選択肢、自己投資としての意識を持てれば一気に痩せるエスカレーターに乗ったようなもので、流れに身を任せれば勝手に痩せていくものです。

なぜ運動しているのか。

意識なんて高くなくたっていいので「これをすれば痩せられるんだ」「これをすれば未来の自分への投資になる」という事を理解できていれば、アナタが痩せる未来はそう遠くないでしょう。

16

ダイエットの神様の降臨なんか期待するな

後半からは「ココがダメなんだよ」というよりは、「こうしろ!!」という事に重きを置いて書いていきます。

最初は「ダイエットの神様の降臨なんか期待するな！」です。

デブって、「いつか私にもダイエットの神様が降りてきて～」なんて悠長に構えて食い続け、そして太り続けるのです。

じゃあ聞きますが、ダイエットの神様がいるのならば、なぜいったんアナタを太らせたのでしょう？

私が神様ならデブのために1回太らせてまた痩せさせるなんて二度手間は絶対にやりません。

「ずっと痩せてろ〜」と魔法をかけてあとは寝ていたいくらいなもんです（笑）。

ただ、「神は細部に宿る（God is in the details）」ということわざはダイエットにおいても真実かもしれません。

例えば、「ダイエットをやるぞ！」となって5キロのランニングをしようと思い立ったとします。ハッキリ言ってそんな考えはどこのデブでも思い付くことなので、ダイエットの神様は「おっ！　コイツなかなかやるな！」とは言ってくれません。

しかし、それを毎日毎日走ることにこだわり、コツコツ続ける人がいたら、その時はダイエットの神様も微笑んでくれると思います。走るという基礎的かつ細かいことにこだわり抜くことで、ダイエットを成し遂げ、体型もキープできて、完成度が高まるからです。

でもね、走るのを続けたから痩せたのであって、神様が降臨した訳でもなんでもないのですよ。

ダイエットとは、結局自分次第であり、自主的・主体的に取り組めるかどうかが重要であって、神様がどうのこうのなんて他力本願でしかありません。

ですからアナタは、ダイエットの神様の降臨なんか期待してはならず、今すぐにできることから始めるべきなのです。

17 プラスやポジティブな事を自分に言い聞かせろ

15までの内容を読んで勘のいいアナタはお気付きかもしれませんが、デブは総じてネガティブ思考と脂肪の塊です。

何かにつけて、「どうせ私なんか……」と言いまくったかと思うと、「私はこうなんです。認めてくれないんですか？」と、ネガティブなメンドクサイことを言いまくるのがデブという生き物です。

例えば、不良少年がいつも「あ～ダリぃ！」とか言ってますよね？

あれって本当にダルい訳ではなくて勉強もせずに「ダリぃ」と発言する自分が「カッコイイだろ?」というような、年頃の男子特有のソレを言うことがイケてるとされる文化でしかないのですが……。

いったん言葉として発してしまうとダルい理由を自分で見つけて「ダリぃ〜」と何回も言ってしまうだけの話であって、端から見たら15歳前後の少年がダルい理由なんか1ミリも見当たらないのです。

人間は自分が発した言葉を自分が一番に聞いてその通りに行動しようとする生き物と言われています。

ですから、ダイエッターのアナタも全ての発言を前向き上向きにする必要があるのです。

●「食べたいな」→「食べなくてもOKになってきた! やった〜!」

●「飲みたいな」→「これ飲んで罪悪感が出るくらいなら代わりに運動

すれば一歩前進だね!!」

こんなふうに、誰でも抱く欲求に対してポジティブな方向に変換（トランスフォーメーション）して考え、行動できるようになれば、ダイエットなんかとても簡単になってきます。

こういうことを書くと宗教的だとか洗脳だとか、〈俺のジム教〉だとか色々と勘違いされる方もいそうですが、ダイエットは自己管理なので、言葉から行動を変えて自分を律していくという要素は大きなポイントなのです。

質のよい言葉を自分にかけて自分を鼓舞しろ!!
それが自己管理だ!!

ワンポイント・アドバイス④

拓朗コーチです！

会員の加藤さんは、トレーニング中にマイナスの言葉を言わないように意識しているそう。思わず言ってしまったときは、自分でもビックリした顔で口を塞いでいます（笑）。

20キロ以上痩せた遠藤さんは、どんなにハードなトレーニングでも笑顔を絶やしません。

「いやーこれは今日だけで、めっちゃ痩せたな〜」といつでもポジティブに捉えています。

そんな会員の皆さんが、〈俺のジム〉にいるだけでも痩せるような気がする雰囲気をつくっているのです。

18

バカになるか？　頭よくなるか？
どちらかの両極端でいけ！

中途半端、と聞いてアナタは何を思い浮かべるでしょうか？

何をやってもうまくいかず、途中で投げ出す、そんなことを想像しませんでしたか？

ダイエットでも中途半端な人が一番痩せないのですよ。

知識と感情を切り離して考えることができずに、「知識ではこうと分かっているけどぉどうしてもソレは納得がいかないんですぅ!!」などと甘っちょろいことを言いながら、いつまでも無駄にしかも真剣に考えているから、中途半端な結果＝挫折しかできないのです。

その点、結果を出す人は常に両極端で、次の2パターンであることが多いのです。

●バカになって痩せたパターン

●頭がよくなって痩せたパターン

まず「バカになって痩せたパターン」の方は、変な意味じゃなくて、〇〇バカのような、その道を深く究めていくタイプのことを指しています。楽観的な人に多いのが特徴です。

「私は自分で考えるのが苦手なのでコーチが言っていること、全部真似しました〜」というようにバカになって実践したり、正しい知識や方法を理解をしたかしないかは別としても、「これでもか！」というほどストイックに実践したりするタイプの方がバカになって痩せたパターンです。

一方、「頭がよくなって痩せたパターン」の方は、〈俺のジム〉の公式ブログを読み込んでしっかりと知識を理解しながら自分の生活パターンや性格との兼ね合いまで、コレだったらこうしようというような臨機応変にアレンジができるタイプの人を指しています。

人それぞれ、ちょっとずつカラーやスタイルが違うというような個人差はありますが、極致はこの2パターンのどちらかに行き着くのです。

前の項で自分のダメさを思い知ったアナタは、どちらのタイプでしょうか⁇

それが分かったのなら、今こそどちらかに大きく舵を切るチャンスです。一気にいっちゃいましょうっ‼

それがデブのダイスキな楽して痩せる近道だ‼

19 頑張ったご褒美が食ではなく食以外の楽しみやご褒美を持て！

頑張った自分へのご褒美としておいしいものを食べるという誤った認識をしているデブは、余りにもその生息数が多過ぎて私たちダイエット屋さんを悩ませます（笑）。

ダイエットをマラソンに例えてみましょう。

10㎞ごとに給水所があったとします。

自分へのご褒美としておいしいものを食べる行為は、この給水所ごとにケーキやチョコレートを食べる行為に等しいのです。これでは10㎞走るたびに自らその頑張りを無駄にしていることになりますよね？

そして、42・195キロ地点のゴールテープを切ったら、さらに豪華なご褒美のごちそうが待っている……なんて、正気の沙汰ではないのですよ、もはや。

自分がいかに馬鹿げたことをしているかお分かりですよね？

もう結論を言ってしまったので、ここでおしまいにしてもいいのですが、もう少し詳しく書いてみます。

まず誤解してほしくないのはケーキやごちそうを絶対に食べるなということではないのです。

「頑張ったご褒美として食べるな」というだけです。この点をしっかり理解していただきたいのです。脂肪だけは分厚いのにダイエットに関する認識がペラペラではどうしようもありません。

普段から食事管理が成された状態の中の一つの計画として食べるのと、計画もなしにご褒美として食べるのとでは、同じケーキを一つ食べるのでも雲泥の差があります。その違いを知り、そこに関わってくる思考の差はデカいぞと言いたいのです。

ご褒美として食べることが常態化すると、「それがないと頑張れない」となりますし、「大体デブって頑張らなくても食うだろがっっっっっ!」「デッブッッッ!!!」という話なのです(笑)。

そもそもの話、アナタの人生に「食うこと以外の楽しみはないのか?」ということなのです。デブのままだと、次のような毎日の繰り返しになってしまうのです。
●デブってドライブしてどこかで写真を撮っても「うわ〜アゴの肉ヤ

バ！」となる

●スポーツをしてもすぐ疲れるしハナっから動けない

●オシャレをしようにもファッションも限られてくる

アナタの中では、「いつでもどこでも際限なく楽しめるのが食べることと」というふうになっているのかもしれませんが、「こんな自分のデブ人生を悔い改めたい!!」と思いませんか？

元々興味があったことやトライしてみたかったこと、痩せてそれらを存分に楽しんでいる自分の方がどう考えたって幸せじゃないですか!!

食べること以外のいろいろな楽しみに思考をシフトして、やりたいことを全部やっちまえばいいーんじゃないでしょうか？

20
少しでも痩せたら デブ時代の洋服は全て捨てろ!!

デブは過去に対するこだわりが強いせいか、物や食への執着が強い傾向にあります。

ジムでもよく痩せた会員に「少しでも痩せたら、今までの洋服は捨ててください」と言いますが、「えぇ〜コレ買ったばかりなのでもったいないですぅ！　今度売りますね！」と言います。

こんなこともあり、問答無用でジムに持ってこさせて、ジムのゴミ箱に捨ててもらったりもします。

そうでもしないとデブは分からないので、荒療治でゴメンとは思いながらも、バッサバッサ捨てさせるのです。

何を隠そうデブは、〝物や食への執着〟というこのデブ思考で太っているのだとはみじんも思っておりません。

「えぇ〜せっかく作ったから食べないともったいない……ぜい肉に蓄えますね！」と言っているのと一緒なんですよ。

ね？

「いいからデブは黙って言うことを聞け‼」と蹴とばしたくなります。

今までダイエットに失敗し続けたが故に、そうやって保険を掛けることで備えたくなる気持ちは分かりますが、それをしてしまっては「え⁉ 隙あらばまた太ろうとしてるの？」と思いませんか？

ですから洋服を捨てて〝退路を断つ〟ことも大切なのです。

例えば、「アナタは泳げないデブです」→「足の着かないプールに突き落とされました」→「助かるには自分でプールサイドまでたどり着くしかありません」

なのに!!! 浮き輪を渡したら、浮き輪に身を委ねてプカプカとしていたりして……。

もし、浮き輪がなかったら必死に泳いで、なんとしても助かろうとするのでは?

やってみたら意外になんでもないですし、しかもプールサイドまで必死に頑張った結果、「少し痩せているかもしれない……やればできるじゃん」という話なのですよ。

「もったいない精神」は日本人だけの美学らしいですが、アナタが今まで無駄にしてきたダイエット商品の総額は幾らになるのでしょうか?

数万円では利かず、数十万円ではないでしょうか？　それがそのままアナタのダイエット挫折の代償なのですよ！

そんなお金は惜しみなく使って、その挙げ句挫折したデブが何をたかだか数千円の洋服に執着しているのでしょうか??

言うなれば数千円の物を捨てるだけでダイエット成功に近づけるということは、今までアナタがドブに捨ててきた浪費ではなく、数千円で痩せるための投資とすることができるということなのです。

痩せたいなら今すぐにデブ服を捨てろ!!

今すぐにだ!!

21

やる事を減らせ！　気合も要らん!!

私やタクちゃんコーチがジムに新規入会した会員に、まず釘を刺す意味で書く公式ブログの内容に「やる事を減らせ」があります。

皆さん「今日からジムだ！」「ダイエットスタートだ！」と、当然気合が入っています。

ところが、次にやってしまいがちなことに、自分のキャパを大きく超えた課題をバッシバッシ増やしてしまうということが挙げられます。「プロテインを飲もう」「毎日走ろう」「これは食べないアレも食べない」「規則正しくしよう」「朝はこれをしよう」……といった具合。

おいおい、ちょっと待ってくれ!!

アナタは今まで自堕落な生活をしてきた結果太った訳ですよね!?「食う、仕事、食う、寝る」くらいの生活を繰り返すだけのぬるま湯のような時間に全身ドップリと浸かった状態だったのが、いきなりそんな無理難題を自分に課してしまってはうまくいかないに決まっているのです。

では、何故に自堕落な生活をしていたのかというと、ストレスがあって何もヤル気がしなかった系の理由がほとんどです。

そんなストレス耐性の極めて弱いデブがアレもコレもソレもと始めてしまっては、遠からず爆発して終わりなのです。

仮に、最初のうちは気合が入っているので、それができたとしましょう。

でも、気合が入っている状態だからできているということは、気合が入らなくなったらできなくなることの裏返しでもあるのです。

ダイエットに気合なんぞ不要なのです！

デブは目の前の事や物事の一面しか目に入らないと書いたのを覚えていますか？

上がるということは下がるということなので、そこをしっかりと意識しながら、「気合が入り過ぎても疲れちゃうな」「ここはちょっと気を抜こう」と余裕を持って臨めるようにすることが大切なのです。

多くの人が勘違いをしていますが、ダイエットというのは「ダイエットしてる！」という意識がある限りソレがストレスになってしまいますので、いかにダイエットを普段の生活になじませて「ダイエットをしている感をなくすか」が重要なのです。

よくダイエットを「生活の一部にする」といわれますが、ソレです。

その人の仕事や生活パターンによって、1日に1人の人間ができる事のキャパというのはほぼ決まってきます。その中で時間やトレーニングや食事をやり繰りしなければいけないのがダイエットなのです。まずはやる事を増やすのではなく、やらない事を決めてストレスに感じない余裕を捻出してからダイエットをスタートさせることが成功の大きなカギになるのです。

できない事を望むな！　お前はスーパーマンじゃなくて、ただのデブなんだ！

そう思えたらいい意味で楽になるからやってみな！

ワンポイント・アドバイス⑤

拓朗コーチです！

トレーニングを生活の一部としてこなしている会員といえば、瀬口さんです。

「調子がいいから行く！」「めんどくさいから行かない！」というのが一切なく、必ず週３回トレーニングに来ます。

それを８年以上守り続けているのですから、まさに生活の中に溶け込ませているという感じです。

会員のＩさんも、先に翌週のジムの予約を全て取っておき、週３回必ず来店されます。

あれもこれもではなく、「ここだけは抑えておく！」というのが会員の皆さんから学ぶ、トレーニングを生活に溶け込ませる秘訣です！

22 高望みはするな！ 普通体型でいい!!

意外に思われるかも知れませんが〈俺のジムで痩せていけ!!〉は普通体型を目指そうと言っているジムです。

私自身もダイエットコーチにありがちなムキムキじゃありませんし、タクちゃんコーチもそんな感じではありません。

というのも、ダイエットコーチのホームページにありがちな自分の写真を載せてムキムキで爽やかでとか、変なキャッチコピーで「変わる自分・新しい自分」みたいなものを見ると、「気取ってんじゃねーよ！」

と思ってしまったり、そういうイメージだけで集客をしても、現実は痩せるための泥臭い作業しかありませんのでね。

私的にムキムキが嫌いというのが一番大きな理由かもしれません(笑)。

だって、ムキムキになって、いつもランニングシャツを着て、大胸筋をチラつかせて、「オトコの乳首とか誰が見たいの？」って思ってしまうんですもの。

それはそうと私たちがムキムキになってしまったら、指導がズレたものになってしまうという理由もあります。

ダイエットをしたい人がムキムキの人にアドバイスを求めるとどうなるか？

ムキムキの体型を目指しているわけでないにもかかわらず、いきなりブロッコリーや鶏むね肉を食い出して、プロテインを飲みだしたりする可能性があります。すると、「えっ？　どこ目指しているの？」って状態になってしまいます。指導する方も受ける方もそれが正しいと思ってやっているのでしょうが、そもそもボディメイクとダイエットは全くの別物なのです。

確かに、そのような食生活は、ムキムキにたどり着くまでの過程では必須ですが、ごく普通の人が実生活においてそんな食生活をこの先何年も継続させるということはとうてい不可能と言っても過言ではないのです。

健康的に痩せている状態というものは、一過性ではなく、一生続けられるか、維持できるかどうかが大切なのです。

有名なダイエットコーチの理想的な体型なんかは、「超」が付くほどのストイックで強烈なプロ意識の成せる業ですので、プロでも何でもない、その対岸にいるデブが高望みをして理想だけを膨らませていては、理想と現実とのギャップに耐えきれずに挫折するというのが通り相場でありパターンです。

高望みは捨てて普通体型を目指せば
ダイエットへのハードルはグンと低くなるのです。

23

理論じゃねぇ！「人間ってこうだよね」を追求しろ!!

何度か触れましたが、新しいダイエット理論や商品が出るたびに飛びついて失敗を繰り返すうちに、太りやすい体質になって、しまいには「これが私だから」と開き直る。

こうなってしまったらカミナリでも落ちない限り痩せることはありません。

ダイエット業界は特にそうですが、新しいダイエット商品や理論って、とても魅力的に紹介されていますよね？　それが例えゴミ商材だとしてもです。

私たちのような真面目にダイエットを追求しているコーチ側から見て「よくこんなゴミ理論を素晴らしい商品かのように仕立て上げて売れるな……そして、コレを買うデブもデブだ……」と思うものばかりであふれ返っているのです。

ですから〈俺のジム〉では「理論じゃねぇ！　方法じゃねぇ！　マシンじゃねぇ！」と言い続けています。

「いやいや！　理論は大事だよ」だと⁉　偉そうな口を叩くんじゃねぇ‼

そんなことを言うアナタに問題です。

Q1　ダイエットに必要なモノはなんですか？　全て挙げなさい。

A1　何も要らないです。

「なぜなのか？」を解説する前にもう一つ問題です。

Q2　アナタは食材も飲み水もない個室にいて、3日間そこから出ることができません。アナタが持ちうる理論の全てを駆使して脂肪or筋肉を付けなさい。

A2　不可能です。

もうお分かりですよね？　人間は食べることでしか太ったり体を作ることはできませんし、痩せることに理論なんか何も要らないのです。

アナタが現在どれだけ〝百貫デブ〟だろうと、〝挫折しっぱなしのデブ〟だろうと、3日間飲まず食わずでいればおそらく10キロ近く痩せるでしょう。

「そこに理論が必要でしたか？」と問いたいわけです。

ただし、これは極論ですし、「それはこういうことですよ!」「こうなりますよ」と、納得いく説明や根拠がほしい人が多いことも事実です。

しかし、一周回って戻ってくると、ダイエットというのはごくシンプルに食べない時間を長くしたり、食べる量を減らすことにかなう理論は存在しないということが理解できると思います。

新しいものは魅力的に見えてしまいがちですし、わらにもすがりたい気持ちのデブであれば、手を出したくなる気持ちも分からなくはないですが、残念ながらゴミ理論やゴミ商材が次から次へとゴロゴロ出てくるのがダイエット業界なので、アナタはしっかりと見極めて、だまされないようにしなければいけません。

だまされない簡単な方法があります。

それは、「そもそも人間ってこうだよね」という点から「ズレているか?」「ズレていないか?」なのです。

この基本線からズレているほど
怪しいと踏んで間違いないのです。

24 サプリやプロテインに頼るな!!

以前、ある食事の席で大盛りを注文しておきながら、カロリーの吸収を抑えるサプリを飲んでるデブがいましてね。私は笑うのを必死に堪えました。

正にこれがサプリに頼っている〝典型的な症状〟なのです。

カロリーを気にするなら大盛りにしなければよいだけの話だと思いませんか？　そこまでして食いたい欲があるとなると重度の糖質依存なのです。

プロテインもそうです。

私はプロテインもサプリの一種だと思っていますが、「タンパク質がどうだ、ビタミンがどうだ」などと栄養学的な事を言うつもりは毛頭ございませんし、アスリートには必須と思っております。しっかりと食事管理ができているならば、プロテインはそれこそ栄養補助食品ですので、上手に活用すればよいと思っているのです。

ただ、アナタは一般人で、痩せたい人なのです。

現代人は栄養過多といわれていてアナタはその最前線をひた走るデブなのです。デブに栄養補助食品が必要ですか？

例えば、アナタの子どもが全身にたっぷり付いた脂肪を落としたいということで、ダイエットを始めたとしましょう。

子どもがダイエット施設に行けば、ドンドン脂肪という栄養が消費されるからと食べ物を持たせるバカ親がどこにいますかね？

こう言われれば「普通そうだよね！　当然」となるはずですが、ダイエットに関する情報では「プロテイン＝ダイエットの味方」になっていたり、前にも書いたようにボディメイクとダイエットが混同され過ぎているが故に、誰も気付かない落とし穴となっているのです。

そしてなにより、冒頭で〝典型的な症状〟と書いたように「これさえ飲んでおけば大丈夫」という考えこそが〝THEデブ思考〟なのです。

デブは目の前の物に飛び付きますよね？　目の前の楽な事に流されますよね？　だから目の前の簡単なプロテインやサプリに飛び付いていては、今まで飛び付いていたチョコレートからプロテインやサプリに変わっただけの話です。

多少はマシなものに変わったといえるかもしれませんが、デブ思考という角度から見ると一切進歩をしていないのです。決してプロテインやサプリを否定するつもりはありませんが、特にダイエット初心者はプロテインやサプリに頼り過ぎるのはＮＧなのです。

ちなみに〈俺のジムで痩せていけ!!〉の公式ブログにプロテインの事を書いたとたんに、「時間ないしダイエットはプロテインでします」と言ってきた会員は、退会後、１００％太ってしまったようです。

これは結局のところ、「忙しい！」「時間がない！」と様々な言い訳をして大切な食事の管理を怠って、プロテインに頼ろうとする誤った思考がある限り、デブまっしぐらになってしまうことが分かる何よりの証拠事例です。

そもそも「デブという栄養の塊に栄養補助食品を注入してどうするんだよっ！」って話です。

勘違いするなよ、デブっ!!

25 リバウンドという概念を捨てろ!!

リバウンドしないダイエットなんてうそです。

リバウンドというのは超簡単に説明すると、「痩せた」→「でも体は元に戻りたい」→「もう痩せないようにもっと太っておこう！」というものです。

いいですか？　よーーーく考えてくださいね。アナタはリバウンドしないダイエットなるものをやって5キロ痩せたとします。だからと言ってなんでもかんでも好き放題に食べていたらどうでしょうか？　体重って戻りませんか??

「このダイエットをすればこの先いくら食っても太らない」というならば、リバウンドしないダイエットは存在しますが、残念ながらそういうものではないのです。

しっかりやられているコーチのダイエット塾には、リバウンドをしない生徒さんがいらっしゃるかもしれませんが、細かく言えば食生活がしっかりと身に付いたから太っていないだけで、もう太らない体になったということでもなければ、リバウンドしないダイエットということでもないのです。

ちまたでは「リバウンドしちゃってさ～」なんて横文字で言われておりますが、リバウンドというのは「ただただ食ったからまた太っただけ」に過ぎないのです。

では、アナタがどういうときにリバウンドをしたかを思い出してみましょう。

●サラダやスープだけで我慢していたけど爆発して食べまくり、ダイエットを辞めたとき

●運動をしていたけどやめたとき

こんなところが通り相場ではないでしょうか?

多くの人が勘違いしていますが、目標の5キロを痩せたから「ダイエットが終わった〜!」ではないのです。

まずはダイエット食ではない、一生続けられる食事に改善し、さらなる相乗効果を得るために運動をして健康的に痩せることが第一段階。

次に痩せた体を維持することが重要なのです。

ということはですよ、ダイエットを一過性のモノとして考え「痩せた

ら終わり！」という認識である以上は、リバウンドは必ず付いて回るモノになってしまうということなのです。

リバウンドという概念を捨て去るには「ダイエットにやめるとか続けるとかはないでしょ！　健康のためにずっと継続していくものだもの！」という達観が必要なのです。

せっかくこの本を手に取ってダイエットをスタートしたのならば、一過性のダイエットに終わらせることなく、健康的な生活の一部として位置付けることが必要なのです。

リバウンドしたとか、そんなレベルの低いこと言ってるようじゃダメなんだよ！

26 ダイエットの優先順位を上げろ!!

〈俺のジムで痩せていけ!!〉では完全予約制の少人数制でやっております。

そこで結構、腹が立つのが、ごく少数ではありますが、「用事ができたのでキャンセルをお願いします」というもの。

そして、後日ジムに来て「友達に誘われて飲んじゃった〜&食っちゃった〜」なんて言われた日には「まぁだからデブなんだよ!」と思ってしまいます(笑)。

「仕事が終わらなくて」なら仕方ないと思うのです。

生活の糧ですし、仕事よりダイエットだろ、なんて思ってもいません し。

でもね、「デブであるお前の用事が『飲んだ食った』ってなんなんですの？」と思うわけであります。

例えば、仕事でめっちゃミスするやつっているじゃないですか？ いわゆる〝使えない人〟。何言っても忘れるし、メモもしないで会社に損失をもたらしていることに無自覚なやつです。

アナタのまぶたにも浮かんできているはずです。

そういうポンコツなやつがコレだけは忘れないものと言えば……休みの日と休憩時間です（笑）。

そういうやつって得てして優先順位が仕事をサボることなので、いつまでたってもできないやつのままなのと一緒で……。

甘ったれた根性が身に染みちゃってるデブって、デブなくせに食うことが最優先なので絶対に痩せないのですよ。

ただ、これにもコツがありまして、優先順位を優先順位と感じさせないようにすればよいのです。

どうするかというと、あらかじめ1日の予定にトレーニングを組み込んでおいて、自分の生活になじませるということです。

……まぁジムではそういう考えのもと、完全予約制にしてスケジュールに組み込ませているのですが、「用事ができたのでキャンセル」するやつは、それすらもできないデブってことでサイナラ〜と思うしかなさそうです。

しかーし!!　この本を読んだアナタにはそうなってほしくありません。

痩せたければダイエットの優先順位をしっかりと
昇格させて、スルスルっと痩せていってほしいなと思います。

27 で？ 結局どうすれば痩せるの？

さて、ここまでお読みいただいた皆さんは、「よくもまぁ〜ここまで斜に構えた目線で言いたい放題書けるな！」「で、結局どうすれば痩せるの？」「何をすればいいの？」「〈俺のジム〉では何を教えているの？」とお思いの方も多いのではないでしょうか⁇

ほら、デブはそうやってすぐに結果を焦り、方法を知りたがる（笑）。

前にも「ダイエットには必要なものや理論なんて極論すればない」ということを書きました。〈俺のジム〉では、一人ひとりの思考方法にアプローチすることで、「勝手に会員が痩せる仕組みづくり」という〝行動変容〟を起こすことに死ぬほどこだわっていますが、そのために〈俺のジム〉で教えていることなんか次の三つしかないんです（笑）。

①デブ思考を崩壊させせろ！

②新たに痩せ思考を作れ！

③痩せ思考と痩せ行動を融合させせろ！

右に掲げた三つについて、この本を手に取ったアナタにはぜひ次の事を実践していただきたいと思います。

①1～15までの〝〇〇は痩せない〟シリーズで打ちひしがれろ!!

②16～27の中からできそうなものを一つずつ潰していけ!!

③28～30（この後の最後の三つ）は実践しろ!!

たまに心が折れそうなときは1～15で自ら折れにいく潔さを持て！

そうすれば上がるしかなくなる！

おいデブ!!　いつまでもデブデブ言われて悔しくないのか!?

「できるかできないか」じゃない。「やるかやらないか」だ！

そしてデブには痩せる伸び代が無限大だと知れ!!　デブなんだから（笑）。

よーし、いくぞ！

この後の最後の三つは〝超実践編〟なので、

しっかりと頭に叩きこんでくださいね！

「めんどくさいな」と思ったやつは

とにかく28～30だけをかたくなにやり通せ！

28
1日1食にしろ!

さあ、ここから最後の三つは「だ・である調」で書かせてもらおう。

そうでもしねーと、お前らデブの分厚い脂肪をブチ破って、心に響かせることは不可能だからだ!

「1日1食にしろ!」と指示すると「ブーブー」と豚のようにほざくデブがあまりにも多いが、「デブどもは黙れ!」とののしってやりたいくらいだ。

1日1食だと……。

□チカラ出ない
□やる気出ない
□おなかがすく
□もたない
□不健康
□考えられない
□食べないと不安

などなど……。

言いたいことは全部分かっている。だからこそ、細かい説明はしねぇ。〈俺のジム〉では、「ダイエットなんか理論じゃねぇ！」と繰り返し言い続けてきたが、それはこの本に俺が書いた内容も全く同じだからな。

お前のようなデブが本気で痩せたいと心から願っていて、その意志が固ければ、この本を読み進めるうちに1日1食にすべき理由などもう見つけているはずで、それがまだ分からないようでは、〝ダイエットーQ〟が極限まで低いデブだったと自分を恥るがいい。

だから1食にしろ！
やってみれば分かる。1食にしろ‼

ワンポイント・アドバイス⑥

拓朗コーチです！
1日1食って難しそうに見えて、意外と簡単なんです！

会員の沼里さんは、ファスティング（断食）から始めてその後1日1食に。一つのきっかけから上手に切り替えたタイプです。

会員の吉田さんは、1食生活を始めて「今まで何で一生懸命3食食べていたんでしょうねぇ」とおっしゃっていました（笑）。始めてわずか1カ月で8キロのダイエットに成功しました。

1食にした会員の皆さんが、口をそろえて言うのが「やったら全然つらくない」

これはもうやるしかないですね！

29

デブ思考を変えて痩せ思考に変われ！

これはさんざん書いてきたことだ。

ただ、なんぼ言っても分からないのがデブだろう？

だから最後にあえてもう1回書こう。これで覚えろよな!!

お前の目の前にはリンゴが置いてあるとする。それを手を使わず、

〝思考だけで〟食えるかと言ったらどうだ？

食えないだろう？

じゃあ食うためにはどうすればいい？

リンゴを手に取って口元まで運ぶことだ。

しかし、勘違いするな！

「リンゴを手に取って口元まで運べ」という脳からの指令があって初めて手が動くだろう？

な？　分かっただろう！　思考が先で、手が動くのが後。

お前らデブは「食っちゃえ！」「まぁいいか食っちゃえ！」「飲んじゃえ！」の連続だったはずだよな？

だからお前らの〝デブ思考〟を変えない限り、食い続けるって言っているんだ。

そこが変わらない限り絶対に痩せることはない。

痩せても維持することは不可能。

だから〝デブ思考〟を改め、〝痩せ思考〟になることが大切なんだ。

今すぐにデブ思考なんか捨てちまって、
〝痩せ思考〟に変えろ！
そうすれば行動変容は必ず起きる‼

30 糖質を抑えて脂質を味方にしろ！

糖質と脂質については少し触れた。

この本を出版するに当たって一つ決めていた事がある。俺は栄養士でも医師でもねぇから栄養学的な事や医学的な事は書けないから書かないということだ。

でも、なんか癪《しゃく》だからもう一度書くが、「カロリーなんか関係ない！」「脂質は大丈夫だ！」と何年も前から言い続けてきたが、悲しいかな悔しいかな、最近になって、あるお医者様が1冊の本を出したら瞬く間にこのことが喧伝されたのだ。

これはまぁ仕方のないことで、今から俺が何を言っても二番煎じになってしまうし、詳しく知りたければ本を買って読めばいい。

でも、これだけは言っておく。

お前のダブついたぜい肉は、ごはん、麺、パン、イモ、甘いお菓子だ。食べた後、空腹感を感じやすい糖質に比べ、脂質はダイエット食でもあり、空腹感を感じにくくなるダイエットの強い味方なんだ。だから恐れるな。

糖質を抑えて脂質を味方にしろ！

どうだ？　拍子抜けしたか？　ダイエットに必要なものなんか思考をちょいと変えれば、あとは具体的な行動だけでいいんだ！

ここまで読み進めることができたアナタなら、〝思考〟がどれだけ重要かつ大切で大きな事かを理解した〝ダイエットIQ〟の高い、〝いまから痩せるデブ〟に変貌を遂げたはずだ。

何も心配することはねぇ。

あとは実践だ！

もし、〝デブ思考〟が消えて〝痩せ思考〟が身に付き、痩せたられたら、〈俺のジムで痩せていけ!!〉にメールでもしてくれ！

楽しみにしているぞ!!

指導中の筆者(写真右)

(写真左から)目黒聖也選手、筆者、政島拓朗コーチ

Information
食のパーソナルコース新設

ここで少し宣伝を……。

「ダイエットは食事が9割！」ならば、コロナ禍において食事だけのパーソナルコースがあってもいいよね？

ということで、本書執筆中の4月から5月、5月から6月までの2グループで、一般会員様の協力も得ながら、「食のパーソナルコース」新設のための実験を実施しました。

その結果、2グループとも、「痩せ率100％」、たった1カ月で「3.6キロ～8.2キロ減」という結果を叩き出し、実験終了後も順調に痩せ続けて、2カ月後には一番痩せた会員様の場合は、なんと14キロ減に突入しました。

上記の実験結果について、「運動をしていたからでしょ？」と疑問に思うかもしれませんが、ジムで運動をしていても「ある程度は痩せたけど、今は停滞している！」という会員でもこの結果なので、いかに「ダイエットは食事が9割」だということがご理解いただけるかと思います。

そして、「もっと痩せたい！」「あと一歩のところをなかなか超えることができない！」という思いでこの文章を読んでいる方もいると思います。

「確実に痩せる」なんて書いちゃいけないのですが、〈俺のジムで痩せていけ!!〉が推奨する方法で痩せなかった会員は1人もいなかったという確かな事実、つまりエビデンスがあるのです。

次に痩せるのはアナタです。

〈俺のジムで痩せていけ!!〉の公式ウェブサイト内の「食のパーソナル」にお問い合わせくださいませ。

私たちと一緒に一歩前に踏み出しましょう!!

俺のジムで痩せていけ　検索

あとがき

[読者様へ]

ここまでお読みいただいたことに心から深く感謝申し上げます。

見ず知らずの読者様にここまで「デブデブデブデブ」と言い続けたのは、デブという言葉は皆が思っているけれど誰も言ってくれない言葉だからです。

デブには不都合や不便が付きまといますし、行く末は病気など、人生において損なことが必ず起きるというのは分かり切っているので、〈俺のジムで痩せていけ!!〉の会員様と同様、読者様にも決してそうはなってほしくないのです。

この本を通じて「世の中のデブを1人でも少なくしたい！」というような大層なビジョンはございません。

ただ、せめてこの本を買ってくださった読者様には、この本の毒舌の中から一つでも心に突き刺さる言葉を見つけ、思考が変わり、行動が変わり、体型が変わり、今までの自分を改めるキッカケになってくれれば な、という小さな願いを込めて書きました。

世の中にはたくさんのダイエット法があります。どのダイエット法も続ければ成功するし、続けなければ失敗します。

本書ではダイエット理論には極力触れずに、あえて〝思考〟だけにフォーカスした内容としました。

読者様が信じる、やりたいダイエットをやりながら、「どういった〝思考〟で取り組めばダイエットの成功率を上げることができるのか?」ということをたくさん書いています。

「ご自身に合ったダイエット」+「〈俺のジムで痩せていけ!!〉流ダイエット思考」との相乗効果で、理想の自分になっていただければ、この本を書いた努力も報われた思いがいたします。ぜひトライしていただき、結果が出た際にはメールなどでお知らせくださいね!

それが〈俺のジムで痩せていけ!!〉の理念である〝感動の共有〟となり、私とタクちゃんコーチの一番うれしいことでもあるのです。

最後に、トゲのある言葉ばかりでゴメンナサイ!

読者の皆様へ感謝。

[タクちゃんコーチへ]
いつも何かと怒り狂っている幼稚な私に適切かつ的を射たアドバイス

をくれてありがとうございます。

〔冗談抜きで〈俺のジムで痩せていけ!!〉がここまでこれたのは、タクちゃんのおかげでしかないと思っています。

高校生だったタクちゃんが「ジムに就職したいと思ってます。お願いします」と言って来た時は、当時、自分の相手にしたい層とは違う層を相手にしなければならなくて「こんなレベルの低いデブは相手にしてられるか!」と思っていた私でしたが、そんな中、タクちゃんが加わることで、自分の頭の中で考えていた理想のジムに「これで確実になれる!」と、一気に道が拓けていく光景が見えたくらいうれしい出来事でした。

コロナ禍などで世の中がすさまじいスピードで変わっていこうとも、これからもタクちゃんと一緒なら一人ひとり一生懸命に痩せさせていった先には、すごい光景が待っているんじゃないかと勝手に思っています。
これからもよろしくね！
ありがとう‼

［武内様、杉山様へ］
ある1冊の本を紹介した途端に、〈俺のジムで痩せていけ‼〉の会員様がその本に書いてあった事を真似し始めた状況を目の当たりにした私は、完全に思い付きで「じゃあ俺も本を出せばいいや」と軽い気持ちで本の出版を決めました。
何をしてよいかも分からぬままジム内のグループラインに「出版社にお知り合いがいる方はいませんか？」と投稿してみたら、〈俺のジム〉の会員様でもある株式会社 three tree create の武内三樹子様からすぐに返信がきて、株式会社エンジェルパサーの杉山昌己様をご紹介いただけたのです。その時点からこうして「あとがき」を書いている現在まで1カ月も経過していません。

武内様には、今回の出版に当たり、最適なアドバイスをいただいたり、パソコン操作がままならないため何度も手間を取らせてしまったりと、大変お世話になりました。

杉山様には何よりも今回の出版の全てを手取り足取り教えていただき、様々なアドバイスを頂戴しました。「俺はこう書きたい、ここはこうしたい、こういうテイストにしたい」とわがままばかり言っている私を全面的にサポートしつつ、さらなる提案をしていただけたことがとてもやりやすく本当にありがたい限りでした。

武内様と杉山様がいなければ本書の出版も確実に夢物語だったと思い

ます。本当にありがとうございました。

［最後に］

ジムを開業して10年と半年、〈俺のジムで痩せていけ!!〉に屋号を変えてから5年。

幾度とない倒産の危機を乗り越えながらも、しぶとくここまでこれたのは私の実力でもなんでもなく、強運でしかなかったな、としみじみ感じています。

その強運も行き当たりばったりなという意味ではなく、会員様に恵まれたという強運です。

世の中では、新型コロナウイルス感染症拡大の影響でフィットネスジムもバタバタ倒産し、〈俺のジム〉でもコロナ禍の初期に休業し、その

1年後にもまたプチ休業をして今日に至りますが、会員様には、こんなアクの強い〈俺のジム〉で、いつもと変わらずにトレーニングに励んでいただき、この奇跡的な状況に言い表せないほどの感謝を感じています。

私、本書やブログで偉そうなことを言っておりますが、〈俺のジム〉で一番子どもなのは自分自身だということを、はっきり自覚しておりますのよ（笑）。

そこには一切何も触れずに、キッチリと通ってくださり、圧倒的な結果と次元の高い体型維持をしてくれて……。

「会員様が〈俺のジム〉を押し上げてくれるおかげで私が好き勝手言っていられるのだ！」「これは奇跡に近い状況だ！」と思うと、実はたまに泣きそうになるくらいです。

本当に感謝の念に堪えません。

これからも私のアクの強さは変わらないと思いますが、〈俺のジム〉とタクちゃんコーチをよろしくお願いいたします。

２０２１年5月21日

〈俺のジムで痩せていけ!!〉
〝しんごコーチ〟こと　豊岡愼吾

豊岡慎吾 とよおか・しんご

ダイエット専門店〈俺のジムで痩せていけ!!〉のダイエット&ボクシングコーチ。1986年9月16日福島県郡山市生まれ。中学生の時、当時世界チャンピオンだった畑山隆則の試合を観てボクシングに興味を持つ。2005年高校卒業後プロボクサーを目指したものの、けがのため断念。その後就職するもサラリーマンが全く務まらず、ホームレス、ニートを経て2011年2月ボクシングジム経営をスタート。2018年4月ダイエット専門店に業態変更。あらゆるダイエットをまずは自分で試してから提供するスタイルを積み重ねる中、メンタル面へのアプローチがダイエット成功の大きなポイントになっていることに気付き、独自のダイエット法を確立。その後も試行錯誤を重ねながら今では「10キロ痩せさせるなんて朝飯前」といえるジムになり、20キロ30キロ痩せる人もザラな圧倒的な実績を持つジムに進化を遂げる。最近ではメールの指導のみで1カ月で8キロ減に成功した事例も加わり、「リモートコース」を設置。ダイエット指導をしながらボクシング2019年全日本スーパーフライ級新人王の目黒聖也選手を育成。座右の銘は「やってダメならしょうがない」。

政島拓朗 まさじま・たくろう

〈俺のジムで痩せていけ!!〉ダイエットコーチ。2000年5月10日生まれ。郡山市出身。2016年高校1年生の時、〈俺のジムで痩せていけ!!〉に入会。その翌年高校2年生で〈俺のジム〉でバイトデビュー。高校卒業と同時にそのまま正社員として入社。当ジム生え抜きの期待の星。好きな言葉「思い立ったが吉日」。ダイエットコーチとして、一般コースとパーソナルコースを担当。

〈俺のジムで痩せていけ!!〉
〒963-0117
福島県郡山市安積荒井3-435
https://www.orenogym.com

俺《おれ》のジムで痩《や》せていけ!!
30のメソッド
思考《しこう》を変《か》えて、体型《たいけい》を変《か》えろ！

2021年9月16日　初版第1刷発行

著者　豊岡愼吾《とよおかしんご》
発行者　杉山昌己
発行所　株式会社エンジェルパサー
〒985-0835
宮城県多賀城市下馬5丁目11番6号
電話022-385-5080
https://angelpasser.jp
印刷・製本　モリモト印刷株式会社

Printed in Japan
ISBN978-4-9908969-5-9　C0095

エンジェルパサーは、地方の小さな出版社です。
暮らしの中にさまざまな楽しみや喜びを
見つけ出そうとする人たちと一緒に、
言葉とデザインを大切にし、
読み継がれる本づくりを目指しています。